Moonstone Press LLC

Executive Editor/ Editora ejecutiva: Stephanie Maze

Senior Editor/ Editora: Karin Kinney

Art Director/ Directora de arte: Alexandra Littlehales

Translator/ Traductora: Alicia Fuentes-Gargallo

Special thanks to Dr. Jean Mitchell, retired Maryland Principal, for her invaluable help on this project.
Una nota de agradecimiento especial a la Dra. Jean Mitchell, antigua directora
de escuela en Maryland, por su valiosa ayuda en este proyecto.

Publisher's Cataloging-In-Publication Data
Keeping fit from A to Z = Mantente en forma de la A a la Z /
Executive editor = editora ejecutiva: Stephanie Maze -- [First edition].
pages : color illustrations ; cm
In English and Spanish.
Summary: Bilingual alphabet picture book for ages 3 and up featuring more than (150) 4-color photographs with
short descriptive captions, designed to inspire children to stay active, fit and healthy. Includes descriptions of traditional
children's games from a variety of cultures, and a list of fun facts for parents about the benefits of exercise.
Audience: 3 and up.
ISBN: 978-0-9834983-5-3
1. Exercise for children--Juvenile literature. 2. Physical
fitness for children--Juvenile literature. 3. Games--Juvenile literature.
4. Vocabulary--Juvenile literature. 5. Spanish language--Vocabulary--Juvenile literature.
6. Exercise. 7. Physical fitness. 8. Games. 9. Vocabulary. 10. Spanish
language--Vocabulary. 11. Picture books. 12. Alphabet books.
I. Maze, Stephanie. II. Title: Mantente en forma de la A a la Z.
RJ133 .K44 2014
613/.7042

Printed in Malaysia by Tien Wah Press

Keeping Fit from **A** to **Z**

Mantente en forma de la **A** a la **Z**

do AEROBIC exercises
(haz ejercicios aeróbicos)

sale a ACAMPAR
(go camping)

practice ARCHERY
(practica el tiro con arco)

bend like an ACROBAT / dóblate como un ACRÓBATA

AMASA el pan
(knead the bread)

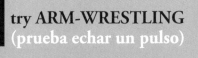

try ARM-WRESTLING
(prueba echar un pulso)

practice **BASKETBALL**
(practica el baloncesto)

sale en BARCO de vela
(go sailing)

BODYBOARD in the surf
(haz bodyboard en las olas)

BOXEA
(box)

play **BASEBALL** / **juega al BÉISBOL**

BUCEA
(snorkel)

BUILD a
snowman
(construye
un muñeco
de nieve)

Bb

be a CHEERLEADER
(sé una animadora)

do CROSS-COUNTRY SKIING
(haz esquí de fondo)

play CROQUET / juega el CROQUET

Cc

CHAPOTEA en el agua
(splash in the water)

CONSTRUYE un castillo de arena
(build a sandcastle)

CORRE en la pista
(run on the track)

DIVE into the pool
(sumérgete en la piscina)

DRIVE a go-cart
(maneja un kart)

beat the DRUMS
(toca los tambores)

Dd

take DANCE lessons/
toma clases de DANZA

DA UN PASEO al perro
(walk the dog)

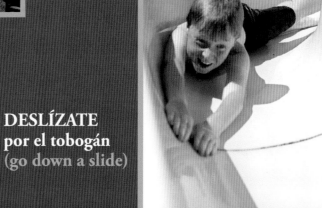

DESLÍZATE
por el tobogán
(go down a slide)

EXAMINE bones at a museum
(examina huesos en un museo)

EXERCISE / haz EJERCICIO

ESCALA unas rocas
(climb some rocks)

aprende ESGRIMA
(learn fencing)

EXPLORE nature
(explora la naturaleza)

ESQUÍA cuesta abajo
(ski downhill)

Ee

go FISHING
(ve de pesca)

Ff

juega al FÚTBOL
(play soccer)

throw a FRISBEE®
(lanza un disco)

balance on a GYMNASTICS beam /
equilíbrate en la barra de GIMNASIA

GOLPEA
la pelota de golf
(hit a golf ball)

Gg

GALOPA como un caballo
(gallop like a horse)

do a HEADSTAND
(párate de cabeza)

practice ice-HOCKEY /
practica HOCKEY sobre hielo

prueba HACER MALABARISMOS
(try juggling)

HOP in a sleeping bag
(salta en un saco de dormir)

HAZ EL ANGEL en la nieve
(make a snow angel)

Hh

play HOPSCOTCH
(juega a la rayuela)

juega con un HULA-HOOP
(play with a hula-hoop)

Ii

IMPÚLSATE
en el columpio
(push on a swing)

INVESTIGATE outside / **INVESTIGA afuera**

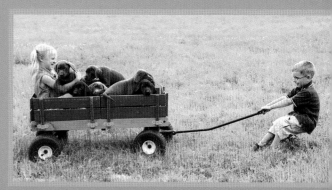

JALA un vagón
(pull a wagon)

ICE-SKATE
(patina sobre hielo)

compete in JUDO
(compite en yudo)

hang from a JUNGLE-GYM
(cuélgate de las barras)

jj

JUEGA a las escondidas
(play hide-and-seek)

go KAYAKING
(monta en kayak)

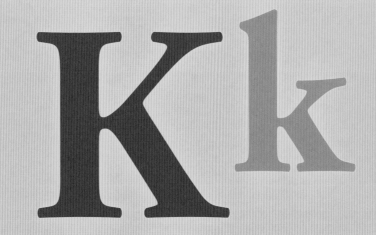

K k

LÁNZATE en trineo
loma abajo
(go sledding)

L l

try KITE-FLYING
(prueba volar una cometa)

do a KARATE kick / da una patada de KÁRATE

LEVANTA pesas
(lift weights)

play LEAPFROG
(juega a la pídola)

Mm

play MARBLES
(juega a las canicas)

participate in a
MOTOCROSS race
(participa en una carrera
de motocross)

salta con un
MONOPATÍN
(jump with a skateboard)

MARCH in a parade / MARCHA en un desfile

go MOUNTAIN-BIKING
(monta en bicicleta
de montaña)

MONTA A CABALLO
(go horseback riding)

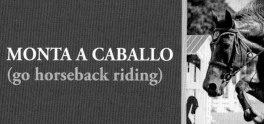

N n Ñ O o

NADA en la piscina
(swim in the pool)

BÁÑATE en la playa
(swim at the beach)

ORGANIZE a recycling team/ ORGANIZA un equipo de reciclaje

NAVIGATE a boat
(navega en un bote)

OUTRUN your pals
(deja atrás a tus amigos)

OCUPA
el puesto
de portero
(be a goalie)

Pp

PLANT flowers / PLANTA flores

PERSIGUE burbujas
(run after bubbles)

PERFORM
at a powwow
(participa en
un powwow)

juega al PING-PONG
(play ping pong)

Qq

have a PILLOW FIGHT
(pelea a las almohadas)

QUEUE for a race
(ponte en posición para

QUITA la
nieve con
una pala
(shovel
snow)

RIDE a scooter
(monta en patineta)

go RAFTING with family / **haz RAFTING con la familia**

RASTRILLA
las hojas
(rake the leaves)

ROLLERBLADE
in the park
(patina en el parque)

RUN a street race
(participa en una carrera)

ROMPE la piñata
(break the piñata)

Rr

SKIP rope
(salta a la cuerda)

try SURFING / prueba hacer SURF

SALTA en los charcos
(jump over puddles)

STRETCH your muscles
(estira los músculos)

Ss

SWEEP the floor
(barre el piso)

practica
SNOWBOARD
(practice
snowboarding)

Tt

take a TAP-DANCING class
(toma una clase de claqué)

join in a TUG-OF-WAR
(tira de la cuerda)

TWIRL a flag
(ondea una bandera)

practice TENNIS / practica el TENIS

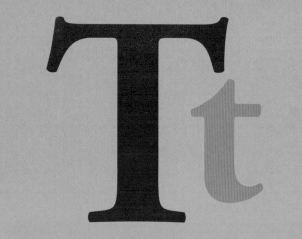

TIRA una pelota
(throw a ball)

TREPA un árbol
(climb a tree)

UNLOAD some groceries
(baja la compra del supermercado)

play VOLLEYBALL / **juega al VOLEIBOL**

monta en UNICICLO
(ride a unicycle)

haz una VOLTERETA
(do a somersault)

Uu

Vv

VACUUM
the room
(aspira el
cuarto)

VUELA
como un
avión
(fly like an
airplane)

compete in a WHEELCHAIR race
(compite en una carrera en silla de ruedas)

WASH the car
(lava el auto)

practice WINDSURFING / practica WINDSURF

WRESTLE with a friend
(lucha con un amigo)

W w

juega al WATERPOLO
(play WATERPOLO)

play the XYLOPHONE
(**toca el xilófono**)

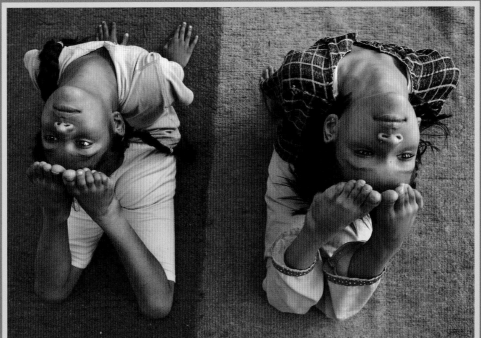

do YOGA exercises / **haz ejercicios de YOGA**

juega con un YOYO
(play with a yo-yo)

Xx Yy Zz

walk like a ZOMBIE
(**camina como un zombi**)

**ZIGZAGUEA
en un campo
de obstáculos**
(zig-zag on an
obstacle course)

Other Activities You Can Try/ Otras actividades que puedes probar:

practice AIKIDO	practica el aikido
go BACKPACKING	haz una excursión
play BADMINTON	juega al bádminton
be a BALLERINA	sé una bailarina
BALLROOM-dance	baila bailes de salón
BEND your body	dobla tu cuerpo
play BOCCE-BALL	juega a la petanca
go BOWLING	ve a jugar los bolos
enter BMX races	apúntate en una carrera de bmx
BREAK-dance	baila break-dance
go CANOEING	navega en canoa
do CARTWHEELS	da volteretas
play CATCH	juega a atrapar la pelota
play CHARADES	juega a las charadas
do CHIN-UPS	elévate en la barra de ejercicio
CRAWL through a tunnel	gatea por un túnel
enter a game of CRICKET	apúntate a un partido de cricket
play DARTS	juega a los dardos
DIG in the garden	excava en el jardín
throw a DISCUS	lanza un disco
play DODGEBALL	juega al balón prisionero
go EGG-ROLLING	haz rodar un huevo
do the ELECTRIC SLIDE	baila en una coreografía
EXCAVATE an archeological site	excava un lugar arqueológico
play FOOTBALL	juega al fútbol americano
take out the GARBAGE	saca la basura
play HANDBALL	juega al balonmano
try HIGH-JUMPING	prueba el salto de altura
play field HOCKEY	juega al hockey sobre hierba
play HORSESHOES	juega a la herradura

jump HURDLES	salta obstáculos
try ICE-FISHING	prueba la pesca en hielo
go INLINE-SKATING	patina en línea
throw a JAVELIN	tira una jabalina
be a JOCKEY	sé un jinete
do JUMPING JACKS	salta abriendo brazos y piernas
KICK a can/ball	patea una lata/pelota
try KICKBOXING	prueba el kickboxing
do KNEEBENDS	dobla tus rodillas
practice KUNG-FU	practica el kung-fu
play LACROSSE	juega a lacrosse
do the LIMBO	baila por debajo de la barra
play LONDON-BRIDGE	juega a London-Bridge
do LONGJUMPS	practica el salto de longitud
play MARCO-POLO	juega a marco-polo
give a MASSAGE	da un masaje
go MOUNTAIN-CLIMBING	escala una montaña
MOVE like an animal	muévete como un animal
play NETBALL	juega al baloncesto
play PADDLEBALL	juega al paddle
PEDDLE your tricycle	pedalea tu triciclo
PICK apples/fruit/flowers	recoge manzanas/frutas/flores
practice PILATES	practica pilates
ride a POGO STICK	monta en un palo pogo
try POLE-VAULTING	prueba el salto con pértiga
PULL out weeds	arranca malas hierbas
do PUSH-UPS/PULL-UPS	haz flexiones/levantamientos
PUSH a wheelbarrow	empuja una carretilla
play RACKETBALL	juega al raquetbol
RAISE your legs/feet/arms	levanta tus piernas/pies/brazos

ROLL down a hill	rueda por una colina
ROLLER-SKATE	patina
RUN in a relay	corre en relevos
RUN with balloons	corre con globos
RUN up the stairs/hill	sube corriendo las escaleras/la colina
do SIT-UPS	haz abdominales
SKIP with a friend	camina saltando con un amigo
have a SNOWBALL-FIGHT	peléate con bolas de nieve
try SNOW-SHOEING	prueba a caminar con raquetas de nieve
SPEED-SKATE	patina con velocidad
go SPELUNKING in caves	sé un espeleólogo en cuevas
SQUARE-DANCE	baila el square-dance
play SQUASH	juega a squash
do SQUATS	haz cuclillas
SWIM some laps	nada unos largos
STOMP your feet	pisa fuerte con los pies
try SYNCHRONIZED SWIMMING	prueba la natación sincronizada
practice TAE-KWON-DO	practica el tae-kwon-do
do TAI-CHI	haz tai-chi
run on a TREADMILL	corre en la caminadora
go TUMBLING	practica gimnasia
TWIRL around	haz piruetas
VISIT a zoo/aquarium	visita un zoológico/acuario
WAVE your arms	agita los brazos
go WATERSKIING	esquía en el agua
play Wii®	juega el Wii®
WORK in a yard	trabaja en el patio
participate in X-GAMES	participa en deportes de acción
ZOOM around the garden	corre por el jardín
do a ZUMBA workout	ejercítate con zumba

Fun Things You Can Also Do:

Shape Your Name: Say your name. Spell the letters. Shape the letters with your head, arms, and legs.

Run and Respond: Sit in a chair. Have someone choose a word (or question). Run to a board (or easel). Write the word down or answer out loud. Run back to your seat.

Map it and Perform it: Pick a spot on a map. Identify the area (coast, mountain, city). Act out a sport you can play there. Have others guess what it is.

Hop to a Conga Line: Form a line. Put on music. Sing along and Dance! Dance! Dance!

Wiggle it Out: Stand up. Set the timer. Get set, ready, go! Do a two-minute wiggle with your entire body.

Actividades divertidas que también puedes realizar:

Dale forma a tu nombre: Di tu nombre. Deletréalo. Forma las letras de tu nombre con tu cuerpo.

Corre y responde: Siéntate en una silla. Haz que alguien escoja una palabra o una pregunta. Corre hacia una pizarra o caballete. Escribe la palabra o reponde a la pregunta en voz alta. Vuelve corriendo a tu asiento.

Encuentra en el mapa y actúa: Escoge un punto en un mapa. Identifica el área (costa, montaña, ciudad). Haz como si practicaras un deporte de ese lugar. Los demás deben adivinar qué deporte es.

Baila en la conga: Forma una fila. Pon música. ¡Canta y salta!

¡Menéate!: Levántate. Prepara un cronómetro. Preparados, listos, ¡ya! Menéate durante dos minutos con todo tu cuerpo.

Games You Can Play

Staying active doesn't always mean you must join a sports team or exercise group. Playing games outdoors with your friends can also be a lot of fun. Here are some games that have been played around the world for hundreds of years.

1. Capture the Flag

This game is best played in a large group. Split the group into two teams and divide the field into two even territories. Have each team mark one of the two sections with its own flag or handkerchief. The object is for players to run to the other team's flag, capture it, and bring it back safely to the home territory without being tagged. Anyone tagged in the opposing team's territory is out.

2. Musical Chairs

Chairs are arranged in a circle, with one less chair than number of players. Music is played and the players must walk around the chairs as long as the music plays. When the music suddenly stops, everyone has to grab a chair. The child left without a chair is out of the game, and one chair is removed. The player sitting in the last chair is the winner.

Juegos en los que puedes participar

Estar activo no siempre significa tener que ser miembro de un equipo deportivo o hacer ejercicio en grupo. Jugar afuera con los amigos también puede ser muy divertido. A continuación aparecen algunos juegos que han sido disfrutados alrededor del mundo durante cientos de años.

1. Capturar la bandera

Este juego se disfruta más si se juega con un grupo grande de amigos. Divide el grupo en dos equipos y el campo en dos territorios iguales. Cada equipo debe marcar su sección con su propia bandera o pañuelo. El juego consiste en correr hacia la bandera contraria, capturarla y traerla al territorio de tu propio equipo. Los jugadores pillados en el territorio del equipo contrario quedarán fuera del juego.

2. Sillas musicales

Las sillas se disponen en círculo, con una silla menos del número de participantes. Los participantes caminarán alrededor de las sillas mientras suena la música. Cuando la música se detiene, todos deben ocupar una silla. El niño o la niña que no encuentre silla quedará fuera del juego. Entonces, se retirará una silla más. El participante que logre sentarse en la última silla, gana.

3. Blind Man's Bluff

One player is designated as "it" and blindfolded. After he or she is spun around several times, the other players scatter, avoiding the "it" player who then tries to tag someone. The first player to be tagged becomes the new "it" player.

4. Simon Says

Simon is chosen to lead a group of children. He or she begins the game by saying "Simon says…." and then orders his group to do something physical or funny, like "Simon says: jump!" or "sing!", or "turn around!" etc…," which everyone has to obey. If Simon forgets to say "Simon says" before issuing the command and a child responds to the order, he or she is disqualified. The last person standing becomes the next Simon.

5. One, Two, Three, Touch the Wall

One player faces the wall or a tree, or covers his eyes, and calls "one, two, three, touch the wall." The other children come from behind and approach the child at the wall. When the child at the wall stops calling, the other children must freeze in place like statues. If the child at the wall sees a child moving, that child has to go back to the starting line. When one of the children touches the child at the wall, everyone must run to avoid being caught.

3. Gallinita ciega

Se escoge a un jugador y se le tapan los ojos. Después de darle varias vueltas a ese jugador, los otros jugadores se dispersan y tratan de evitar ser pillados por él. La primera persona en ser pillada tendrá que reemplazar al jugador de los ojos tapados en la siguiente ronda.

4. Simón dice

Se escoge a un jugador que será Simón y que dirigirá al grupo de niños. Él o ella empieza el juego diciendo "Simón dice…", y le ordena al grupo que haga algo físico o divertido como "Simón dice "¡salta!" o "¡canta!" o "¡gira!", etc., y los participantes deben obedecer. Si Simón olvida decir "Simón dice" antes de dar un mandato, la persona que responda a ese mandato queda eliminada. La persona que no sea elimada al final será el próximo Simón.

5. Un, dos, tres, pica pared

Un niño está de cara a una pared o a un árbol, o tapándose los ojos, y dice "un, dos, tres, pica pared". El resto de los niños están detrás suyo y se acercan al niño de la pared. Cuando el niño de la pared termina de hablar, los otros niños deben pararse como estatuas. Si el niño de la pared ve a un niño moviéndose, este niño debe volver atrás, "al punto de partida". Cuando uno de los niños toca al niño de la pared, todos deben correr para no ser atrapados por él.

6. Let's Play in the Woods. Wolf, Are You There?

A player is chosen as the wolf, who must hide. The other children say, "Let's play in the woods, now that the wolf is not here. Wolf are you there?" The Wolf answers from his hiding place "No, I'm putting on my socks." Again, the children ask, "Wolf, are you there?" to which the Wolf responds "No, I'm putting on my shirt". The children repeat the question over and over, and the wolf continues to answer with various items of clothing, until he finally says, "Yes, I'm coming to eat you!" At that point, they all run away to avoid being caught by the wolf.

7. Crack the Whip

A group of children stands in a straight line holding hands, with one of them—the head of the whip—at the end of the line. He or she begins to run, pulling the others along, then quickly changes direction. This is repeated several times as participants at the other end begin to fall off and try to get back on. The object is to hold on to the line as long as possible and not fall off.

8. The Spider

A player is chosen as the "Spider", whose role is to catch another player. Once the Spider has tagged the other participant, both players join hands to catch other children. As this is repeated and others are trapped, the spider continues to grow, making it more and more difficult for the players to escape its web.

6. Juguemos en el bosque. Lobo, ¿estás?

Se escoge a un participante que será el lobo y éste se esconde. El resto de los niños recita "Juguemos en el bosque, ahora que el lobo no está. Lobo, ¿estás?". El lobo desde su escondite responde "No.. estoy poniéndome los calcetines". Más tarde y después de la misma pregunta, el lobo responde "No… estoy poniéndome la camisa", y así va mencionando diversas prendas de ropa hasta que finalmente dice "¡Sí! ¡Los voy a comer!". Al decir esto, todos salen corriendo para no ser pillados por el lobo.

7. Sacudir el látigo

Un grupo de niños se pone en una línea recta y se da las manos, con uno de ellos –la cabeza del látigo– en un extremo. Este empieza a correr, jalando a los demás detrás de él o ella, y cambiando de dirección rápidamente. Esto se repite varias veces hasta que los participantes empiecen a caer y a intentar levantarse. El objetivo del juego es mantenerse de la mano el mayor tiempo posible y no caer.

8. La araña

Se escoge a un participante que será "la araña", cuyo trabajo es pillar a otro jugador. Una vez que "la araña" pilla a este jugador, ambos se dan la mano para pillar a más. La araña sigue creciendo a medida que otros participantes son atrapados, lo que hace que sea cada vez más difícil escaparse de la telaraña.

9. Red Rover, Red Rover

Divide the group into two teams, holding hands and facing each other. One team begins by shouting "Red Rover, Red Rover, let …(and calls the name of a child from the opposing team) come over." That child runs as fast as possible toward the other team, trying to break through the hand-held line. If the player succeeds, he or she takes an opposing player back to his or her team. The player who cannot push through the line must join the other team. The game lasts until the last person on a team succeeds in breaking through. If not, the other team wins.

10. Run, Run, la Guaraca

The players sit in a circle, while one child runs outside the circle with a handkerchief. The seated players sing "Run, run, la Guaraca, who looks back will be bopped on the head." The runner tries to secretly drop the handkerchief on a child's back. If he makes it around the circle before the player realizes that he has been tagged, the seated player is out. If the seated player catches on, he must tag the runner. If the runner is tagged, the runner is out. If he does not succeed, that person becomes the next runner.

9. Caminante rojo, caminante rojo

Divide los participantes en dos equipos que se dan las manos uno en frente del otro. Un equipo dice "Caminante rojo, caminante rojo, deja que… (y dice el nombre de un jugador del otro equipo) venga aquí". El jugador nombrado correrá lo más rápido posible hacia el otro equipo, intentando romper la barrera de manos unidas. Si el jugador tiene éxito, él o ella se lleva a un jugador del otro equipo. Si el jugador no puede romper la barrera, él o ella debe unirse al equipo contrario. El juego continúa hasta que la última persona de un equipo pueda romper la barrera. Si no es así, el otro equipo gana.

10. Corre, corre, la Guaraca

Los jugadores se sientan en un círculo y un niño corre fuera del círculo con un pañuelo. Los jugadores que permanecen sentados deben cantar "Corre, corre, la Guaraca, el que mire atrás, se le pega en la pela". El corredor intenta dejar caer secretamente el pañuelo en la espalda de un jugador. Si consigue dar una vuelta al círculo antes de que el jugador sentado se de cuenta de que ha sido escogido, el jugador sentado debe salir del juego. Si el jugador sentado se da cuenta, él o ella debe pillar al corredor. Si el corredor es pillado, queda fuera del juego. Si el jugador que estaba sentado no consigue pillar al corredor, se convierte en el siguiente corredor.

Parents, Did You Know ....?

- Exercise has been considered important since the time of the ancient Greeks, who invented the Olympic Games in 776 B.C. They coined the phrase "a healthy mind in a healthy body," believing that physical exercise was as important as the development of the mind.

- Exercise not only improves general well-being: It also elevates brain function and helps prevent illnesses such as diabetes and heart disease.

- Doctors recommend that all children be active and involved in some form of physical activity for at least 60 minutes a day.

- A child's activities should include some aerobics, stretching, muscle-strengthening, bone-strengthening, and core-building exercises.

- Aerobic exercises increase your heart rate and deep breathing, which in turn delivers more oxygen to the blood and lungs. A half hour of aerobics several times a week can help strengthen the lungs and prevent cardiovascular problems.

- Stretching exercises, such as in yoga, usually lead to greater flexibility, better posture, and improved gross motor skills for a child. Stretching prior to starting strenuous exercise also helps avoid injuries.

- Muscle-strengthening activities—push-ups, sit-ups, rope climbing, hanging from monkey bars, rock climbing, weight lifting, or tug-of-war—are sure to increase a child's strength and coordination, improve gross motor skills, and boost energy levels.

- Children with disabilities can benefit a lot from exercise, whether it is by gaining agility through physical activity and repeated muscular movement, or by building self-esteem.

- Core-building activities, including pushing on a swing, jumping on a trampoline, riding a bicycle, playing wheelbarrow, or bouncing on hopper balls, strengthen the core muscles of the body, making it easier to engage in physical activities, improve posture, and prevent injuries.

- Bone-strengthening routines, such as hopping, skipping, jumping, squatting, running, stair climbing, and gymnastics, help build bones and keep them strong.

- Exercise often helps relieve depression and anxiety by releasing endorphins to the brain. The endorphins act as neurotransmitters, producing a feeling of well-being and relaxation.

- Exercise helps a child gain strength and coordination, encourages the flow of blood and oxygen to the brain, improves the ability to concentrate, and boosts the immune system.

Padres, ¿sabían qué....?

- El ejercicio ha sido considerado importante desde la antigua Grecia. Los griegos inventaron los Juegos Olímpicos en el año 776 A.C. y acuñaron la frase "mente sana en cuerpo sano", ya que creían que el ejercicio físico era tan importante como el desarrollo de la mente.

- El ejercicio no solo mejora la salud en general sino que también eleva las funciones cerebrales y ayuda a prevenir enfermedades como la diabetes y cardíacas.

- Los doctores recomiendan que todos los niños estén activos e involucrados en alguna forma de actividad física al menos durante 60 minutos al día.

- Las actividades infantiles deben incluir ejercicios aeróbicos, de estiramientos, ejercicios para fortalecer los huesos y para desarrollar los músculos.

- Los ejercicios aeróbicos aumentan el ritmo cardíaco y la intensidad de la respiración, y así llega más oxígeno a la sangre y a los pulmones. Media hora de ejercicios aeróbicos varias veces a la semana puede ayudar a fortalecer los pulmones y prevenir problemas cardiovasculares.

- Los ejercicios de estiramiento, tales como los que se hacen en yoga, usualmente producen una mayor flexibilidad y postura, y un mejor desarrollo de las destrezas motoras del niño. Estirarse antes de empezar a hacer ejercicio también ayuda a evitar lesiones.

- Los ejercicios que ayudan a fortalecer los músculos —flexiones, abdominales, subir por una cuerda, balancearse en las barras paralelas, escalar rocas, hacer pesas o estirar una cuerda— incrementan la fortaleza y la coordinación del niño, mejoran las destrezas motoras y aumentan el nivel de energía.

- Los niños con discapacidades pueden beneficiarse mucho del ejercicio, ganando agilidad a través de la actividad física y los movimientos musculares repetitivos. El ejercicio también ayuda a aumentar su autoestima.

- Los ejercicios como impulsarse en un columpio, saltar en un trampolín, montar en bicicleta, jugar a la carretilla o saltar sobre una pelota fortalecen los músculos centrales del cuerpo, haciendo que sea más fácil realizar actividades físicas, mejorar la postura y evitar lesiones.

- Los ejercicios para fortalecer los huesos como saltar, hacer cuclillas, correr, subir escaleras y las rutinas de gimnasia, ayudan no solo a desarrollar los huesos sino también a mantenerlos fuertes.

- Los ejercicios a menudo ayudan a aliviar la depresión y la ansiedad ya que hacen que el cuerpo libere endorfinas. Las endorfinas actúan como neurotransmisoras y producen sentimientos de bienestar y relajación.

- El ejercicio ayuda a un niño a ganar fortaleza y coordinación, fomenta la circulación de la sangre y de oxígeno al cerebro, mejora la habilidad de concentración y estimula el sistema inmune.

Photo Credits/ Créditos Fotográficos